D1984689

Ideen *Blitz*

Ingrid Biermann

AdventsTage

Kleine Aktionen für den Kita-Alltag

Herder Freiburg · Basel · Wien

Vorwort

Adventstage

Jahr für Jahr geben wir Erzieherinnen uns große Mühe bei der Gestaltung der Advents- bzw. Vorweihnachtstage. Schon Wochen im Voraus sammeln wir Ideen, denn wir wollen den Kindern diese Zeit, die durch Hektik und Zeitmangel geprägt ist, besonders „schön“ gestalten. Der Kindergarten soll für sie ein Zufluchtsort sein, der es ihnen ermöglicht, gemeinsam mit anderen Kindern besinnliche Augenblicke zu erleben. Damit wir dieses Ziel erreichen, sollten diese Adventstage nicht mit Aktionen voll gestopft, sondern gezielte Angebote gemacht werden. Selten bietet eine Jahreszeit bzw. ein Monat so viele Möglichkeiten, um in einer ausgeglichenen Atmosphäre sich aller Sinne bewusst zu werden und sie zu wecken. Deshalb ist ein durchdachtes und strukturiertes Rahmenthema in der Adventszeit für Kinder und Erzieher sehr hilfreich.

In der Zeit vor Weihnachten wächst die Spannung täglich und die Wartezeit fordert von den Kindern viel Geduld. Wir sollten ihnen das Warten durch interessante Angebote verkürzen und sie mit wohl überlegten Aktionen durch die schönste Zeit des Jahres begleiten. Für Kinder sind die Begriffe wie Engel, Nikolaus, Kerzen, Sterne, Tannenbaum und Adventskranz aus dieser Zeit nicht wegzudenken. Mit diesen Stichworten als Ausgangsbasis lässt sich eine Vielzahl von abwechslungsreichen und neuen Spielen und Aktivitäten gestalten. Dabei reicht die Palette vom Reimspiel über Fantasiereisen bis hin zum einfachen Rollenspiel, das mit wenig Aufwand und innerhalb kurzer Zeit aufgeführt werden kann.

Wenn es die Räumlichkeiten in Ihrem Kindergarten zulassen, so richten Sie ein Adventszimmer ein. Benutzen Sie leuchtende Sterne, Lichterketten, Kugeln, Lametta usw., um diesen Raum in einen Weihnachtsraum umzuwandeln. Hier können dann die Angebote durchgeführt werden. Motivieren Sie Ihre Kinder dazu, sich mit Bilder- und Geschichtenbüchern, selbst gemalten Bildern und anderen Dingen an diesem Projekt zu beteiligen.

Ergänzen Sie meine Ideen mit Ihren und denen Ihrer Kinder und so werden Sie erholsame und recht stressfreie Adventstage erleben und auch am Schluss des Jahres noch selbst so viel Kraft haben, um mit Freude das Weihnachtsfest zu feiern.

Ingrid Biermann

Inhalt

Aufregung im Sternenland

Ein Märchen

Vorbereitung:

Einige Tage vorher schneiden die Kinder aus Goldpapier Sterne aus. Mit diesen Sternen, zusätzlich gekauften Leucht- und Dekosternen sowie Lichterketten wird ein Sternzimmer oder eine Sternecke im Kindergarten eingerichtet. 24 Goldpapiersterne werden noch nicht aufgehängt. Auf deren Rückseite schreibt die Erzieherin Angebotsvorschläge, z. B. „Morgen backen wir", „Morgen hören wir eine Geschichte" oder „Wünsch dir was". Zusätzlich wird noch ein Mond mit einer Pfeife gebastelt. Diese Utensilien werden für die Märchengeschichte benötigt.

Material:

24 Goldpapiersterne, ein Mond mit einer Pfeife, Nähnadel, Nähgarn, ein Filzstift, ein blaues Tuch, ein Rekorder mit ruhiger Musik, für jedes Kind ein Sitzkissen

Raumvorbereitung:

In dem Sternzimmer (der Sternecke) werden die Kissen im Kreis auf den Boden gelegt. Die Materialien liegen griffbereit und werden mit einem blauen Tuch abgedeckt.

Einstieg:

Die Kinder sitzen auf ihren Kissen. Die Erzieherin legt das blaue Tuch in die Mitte und verteilt darauf die 24 Goldpapiersterne. Bei ruhiger Musik betrachten die Kinder diesen „Sternenhimmel“. Danach erzählt die Erzieherin das folgende Märchen.

Hoch oben bei den Sternen im Sternenland herrscht seit einigen Tagen helle Aufregung. Jeden Abend, sobald die Sterne am Himmel ihren Platz eingenommen haben, schauen sie auf die Erde und sehen, wie nervös, unruhig, hektisch und aufgeregt die Menschen dort unten sind. Sie arbeiten von früh bis spät und haben keine Zeit. Sie sind oft unfreundlich und reden kaum miteinander. Lautes und fröhliches Lachen hören die Sterne nur ganz selten. Jeder Mensch geht seinen Weg und kümmert sich nicht um den anderen. Es gibt auf der Erde auch viele traurige Menschen. Fast jeden Tag hören die Sterne, wie auf der Erde jemand weint. Sie verstehen die Welt nicht mehr. Warum ist es auf der Erde nur so, warum können die Menschen nicht nett zueinander sein? Ratlos ziehen die Sterne am Himmel entlang und immer wieder schauen sie auf die Erde. Eines Abends sagt ein kleiner Stern zu seinem Nachbarn: „Wir müssen den Menschen auf der Erde helfen, ihr Lachen wieder zu finden.“
„Aber wie sollen wir das machen?“, fragt ein anderer Stern in der zweiten Reihe, der das gehört hat. „Wir sind hier oben und die Menschen sind dort unten, wie sollen wir da Kontakt aufnehmen?“ Die Sterne überlegen hin und her, doch es fällt ihnen nichts ein.
„Wir müssen den alten, weisen Mond fragen“, sagt nach einer Weile ein anderer Stern, „der weiß immer eine Lösung für unsere Sorgen. Vielleicht kann er uns auch jetzt einen Rat geben.“ Dieser Vorschlag gefällt allen und sie beschließen, den Mond um Rat zu fragen.

Da nicht alle Sterne ihren Platz am Himmel verlassen können, denn sonst wäre es auf der Erde in der Nacht stockdunkel, gehen nur die ältesten und größten Sterne gemeinsam zum Mond. Da der Weg dorthin weit und sehr beschwerlich ist, rufen sie den Wind zur Hilfe. Sie bitten ihn, sie zum Mond zu pusten. Natürlich hilft der Wind gerne. Er pustet dreimal ganz kräftig und schon sausen die Sterne über die Milchstraße zum Mond.
Als sie dort ankommen, raucht der Mond gerade ein Pfeifchen. Er begrüßt die Sterne mit freundlicher Stimme: „Welch später Besuch. Müsstet ihr nicht auf eurem Platz sein, um mit eurem Licht die Erde zu erhellen?"
„Ja, das stimmt", sagt ein Stern mit leiser Stimme. „Aber wir müssen dir dringend etwas erzählen." „Es ist ganz wichtig", ruft ein anderer Stern dazwischen. „Und ganz schrecklich", tönt es aus der hinteren Reihe. „Beruhigt euch erst einmal", sagt der Mond, „es gibt für alles eine Lösung. Erzählt, was ihr auf dem Herzen habt."

Aufgeregt erzählen die Sterne, was sie auf der Erde beobachtet haben und dass sie sich große Sorgen um die Menschen machen. Der Mond schmunzelt und sagt: „Ja, ja, das erlebe ich jedes Jahr. Die Menschen haben füreinander wenig Zeit und kurz vor dem Heiligen Abend ist das besonders schlimm. Dann arbeiten und rennen sie doppelt so viel. Sie putzen, backen, kochen, schmücken den Weihnachtsbaum, besorgen Geschenke und haben füreinander kaum einen Augenblick Zeit übrig. Sie übersehen dann ihre Mitmenschen und merken gar nicht,

dass die schönste Zeit im Jahr an ihnen vorbei läuft. Aber das vergeht und ihr braucht euch keine Sorgen zu machen. Im neuen Jahr ist das wieder ganz anders." So spricht der Mond und raucht in Ruhe sein Pfeifchen weiter.
„Aber bis dahin vergehen noch viele Tage und die Menschen können die schöne Vorweihnachtszeit nicht genießen. Das ist doch schrecklich", sagt ein Stern. „Das können wir nicht mit ansehen, wir müssen ihnen irgendwie helfen", ruft ein anderer Stern. „Sie sollen nicht rennen und hetzen, sondern zusammen singen, Geschichten hören und sich auf Weihnachten freuen", sagt ein besonders großer und heller Stern.
Der Mond überlegt eine Weile und sagt dann: „Ihr habt Recht, so kann es auf der Erde nicht weitergehen. Ab heute soll an jeden Tag ein Stern zur Erde fliegen und dort einem oder mehreren Menschen, die besonders einsam, traurig oder hektisch sind, schöne Ideen bringen."
„Ich möchte den Menschen schöne Backideen bringen", ruft ein Stern. „Lass mich bitte zuerst auf die Erde, ich möchte den Menschen schöne Geschichten und Traumreisen bringen", sagt wieder ein anderer Stern. „Ich möchte den Menschen schöne Bastelideen bringen, also lass mich bitte zuerst auf die Erde", sagt ein dritter.
O je, jeder von ihnen will zuerst auf die Erde. Da muss sich der Mond schon wieder eine Lösung einfallen lassen. Er benennt 24 Sterne, die in diesem Jahr zur Erde gehen dürfen. Jeder von ihnen bekommt eine Nummer und der Stern mit der Nummer eins, der kann schon am nächsten Tag hinunter zur Erde. „Wenn alle Sterne auf der Erde waren und mit den Menschen gesungen, gebastelt oder gebacken haben, dann werdet ihr sehen, dass sie alle ein wunderschönes ruhiges Weihnachtsfest feiern", erklärt der Mond mit ruhiger Stimme.

Ein leichtes Murren ist zu hören, denn es können nicht alle Sterne, die zum Mond gekommen sind, zur Erde. Der Mond geht zwischen den Sternen umher und schreibt 24 Sternen eine Zahl auf ihr glänzendes Kleid. Tröstend sagt er: „Im nächsten Jahr können andere 24 Sterne hinunter, also seid nicht traurig und geht jetzt alle wieder auf euren Platz am Himmel. Aber macht eure Arbeit gut, ich will keine Klagen hören.“ Er nickt zufrieden und löscht sein Pfeifchen.

Die Sterne verabschieden sich und machen sich auf den Heimweg. Auch jetzt hilft ihnen der Wind und pustet sie über die Milchstraße nach Hause. Dort gehen sie wieder an ihre Plätze. Leise flüsternd erzählt jeder Stern seinem Nachbarn, was der Mond sich für die Menschen ausgedacht hat. Und am folgenden Tag geht es los. Der Stern mit der Nummer eins fliegt zur Erde. Er will mit den Menschen backen. Seine Taschen hat er voller schöner Rezepte. Auf der Erde hat er auch im Nu Menschen entdeckt, mit denen er backen möchte.

So geht es nun tagaus und tagein. Jeden Tag können die anderen Sterne am Himmel beobachten, dass die Menschen ruhiger und viel fröhlicher werden. Sie haben Zeit, singen und freuen sich und am Heiligen Abend, da sehen die Sterne, wie gut sie ihre Aufgabe gelöst haben. In jedem Haus brennen Kerzen und die Menschen sitzen zusammen und feiern ein friedliches Weihnachtsfest. Die Sterne sind zufrieden. Sie haben es geschafft, viele Menschen glücklich zu machen.

Abschluss:

Die 24 Sterne aus der Kreismitte, auf denen ein Angebot steht, werden von der Erzieherin mit Nummern versehen und zwischen die anderen Sterne gehängt. Jetzt hat die Gruppe einen Stern-Adventskalender. Jeweils ein anderes Kind kann für den kommenden Tag den Stern mit der Nummer für den folgenden Tag heraussuchen. Das Angebot, das auf der Rückseite steht, wird von der Erzieherin vorgelesen, z. B.: „Morgen spielen wir ein Rollenspiel“ oder „Wünsch dir etwas“. Nun können sich die Kinder auf den kommenden Tag freuen und ihn mit eigenen Beiträgen wie Bilderbüchern, Geschichten, Bastelvorschlägen, usw. bereichern. Zusätzlich kann die Erzieherin auch die Angebote dieses Projektes verwenden und sie mit eigenen Ideen ergänzen. So gehen die Sterne mit Ihnen und Ihren Kindern an jedem Tag durch die Vorweihnachtszeit.

Schlusslied:

An unsrem Himmel ist etwas

(Melodie: Auf unsrer Wiese geht etwas)

An unsrem Himmel glänzt etwas,
es bewegt sich leise.
Sie sind rund und klitzeklein,
sie machen eine Reise.
Sie ziehen langsam hin und her,
sie zu erraten ist nicht schwer,
komm, sag mir ihren Namen.

(Die Kinder raten.)

Sterne kennt ein jedes Kind,
hier und in der Ferne.
Ob Groß, ob Klein, ob Jung und Alt,
ein jeder mag sie gerne.
Sterne funkeln wunderschön,
sie sind herrlich anzusehn,
heut und jeden Abend.

Finger- und Reimspiele für die Adventszeit

Das Fingerspiel vom Nikolaus

Mit den Fingern ein Dach bilden. Mit einer Hand die Augen beschirmen.	Aus einem klitzekleinen Haus, da schaut der Nikolaus heraus.
Mit den Zeigefingern und Daumen beider Hände Kreise bilden und vor die Augen halten.	Er trägt ne Brille, klein und rund,
Pantomimisch die Länge des Bartes zeigen.	ein langer Bart verdeckt den Mund.
Pantomimisch die Stiefel anziehen. Auf der Stelle gehen.	Er zieht nun seine Stiefel an, damit er losmarschieren kann.
Gebeugt auf der Stelle gehen.	Auf dem Rücken liegt ein Sack, den trägt er heute huckepack.
Die Finger in die Luft heben und spreizen.	Die Sterne ziehen nun voran, damit er alles sehen kann.
Pantomimisch darstellen.	Er holt ganz leis vor jedem Haus ein Päckchen aus dem Sack heraus.
Schnell auf der Stelle gehen.	Der Sack ist leer, wie ist das schön, nun kann er schnell nach Hause gehn.
Die Hände zusammenlegen und den Kopf darauf legen.	Der Nikolaus ruht sich nun aus und kommt erst morgen wieder raus.

Der Traum von den fünf Engeln

Mit den Händen eine Wolke nachbilden.
Mit einer Hand die Augen beschirmen.
Die Finger einer Hand zeigen.

Daumen zeigen und mit der anderen Hand winken.
Noch einmal winken.
Daumen und Zeigefinger zeigen und sich im Kreis drehen.
Drei Finger zeigen und leise summen.

Vier Finger zeigen und die Hand vor den Mund halten.
Hand vor die Stirn halten und nach oben schauen.
Alle fünf Finger zeigen.
Beide Hände aufeinander legen und darauf den Kopf legen.
Den Zeigefinger vor den Mund halten.

Suchend nach rechts und links schauen.

Auf einer Wolke, dick und groß,
da sitzt jemand, wer ist das bloß?
Es sind fünf Engel, ach, wie schön,
die kann ich jetzt ganz deutlich sehn.
Der erste Engel winkt mir zu,

wenn du ihn siehst, dann wink auch du.
Der zweite Engel kommt und dann
fängt er mit mir zu tanzen an.
Der dritte Engel summt ein Lied,
komm und summ doch einfach mit.
Der vierte Engel, ach, o Schreck,

der fliegt ganz hoch und ist dann weg.

Der fünfte Engel, ach, der Kleine,
er liegt da und schläft alleine.

Psst, sei still, du glaubst es kaum,
das Fingerspiel war nur ein Traum.
Die Engel sind nun alle fort,
an einem unbekannten Ort.

Ratereime

Das letzte Wort in jeder zweiten Zeile sagen die Kinder.

Ein Tannenbaum

Ein Tannenbaum, ein Tannenbaum,
der ist so groß, du glaubst es … (kaum).
Mit vielen Kugeln bunt und schön,
kannst du ihn Heiligabend … (sehn).
Er trägt Kerzen, leuchtet hell,
die Kinder kommen ganz, ganz … (schnell).
Sie sitzen unter diesem Baum,
und träumen einen Weihnachts …
(traum).

Hören, fühlen, riechen, schmecken, lass uns das Raten neu entdecken

Um den Kindern das Warten in der Adventszeit ein wenig zu verkürzen, sind Wahrnehmungsspiele genau das Richtige. Eine Spielrunde, in der geraten, gefühlt, gehört und etwas „erschmeckt" wird, macht allen Spaß und regt so ganz nebenbei die Sinne an. Ich möchte Ihnen einige Anregungen geben, die Sie jedoch auf Ihre Gruppe abstimmen sollten. Ist ein Rätsel oder eine andere Spielaufgabe für das jeweilige Kind zu schwer, so sollten Sie spontan die Aufgabe ändern und sie auf das Kind zuschneiden, damit Misserfolge weitgehend ausgeschlossen werden können und der Spaß am Spiel erhalten bleibt.

Hinweis:

Eine kleine Einführungsgeschichte kann die Motivation zum Mitspielen bei den Kindern steigern und dem Ganzen einen schönen Rahmen geben.

Der kleine Engel Gregor

Oben im Himmel wohnt der kleine Engel Gregor zusammen mit vielen anderen Engeln. Gregor ist der einzige Engel, der die Vorweihnachtszeit nicht mag. Wenn er nur schon daran denkt, dass er tagelang Plätzchen backen, Christbaumkugeln putzen und Päckchen packen muss, dann möchte er am liebsten ganz weit weg verreisen. Immer, wenn er kann und ihn kein anderer Engel sieht, macht er sich ganz schnell aus dem Staub. Er besucht dann die Sterne, hin und wieder auch den Wind oder manchmal sogar den Nikolaus. Beim Nikolaus ist Gregor sehr gern, denn der erzählt ihm immer wunderschöne Dinge von den Menschen auf der Erde unten. Gregor möchte auch einmal auf die Erde, um zu sehen, wie die Menschen dort leben.

Eines Tages, als er wieder einmal keine Lust hat, die unzähligen Baumkugeln zu putzen, macht er sich aus dem Staub und läuft zum Nikolaus. Der ist gerade dabei, seine Säcke mit Päckchen zu füllen. Gregor schaut zu und sagt: „Lieber Nikolaus, bitte, nimm mich einmal mit zur Erde. Ich möchte sehen, wie dort die Kinder leben. Ich helfe dir auch und verteile die Päckchen."
Der Nikolaus überlegt und antwortet: „Dafür kann ich aber nur ganz besonders schlaue Engel gebrauchen."
„Ich bin schlau", ruft Gregor, „ich weiß alles!"
Ob das aber stimmt? Nikolaus will nun den kleinen Gregor ein wenig prüfen. Erst muss er ein paar schwierige Aufgaben lösen, dann darf er mit hinunter zur Erde. O je, jetzt wird der kleine Engel Gregor aber ein wenig ängstlich. „Hoffentlich kann ich auch wirklich alles", denkt er. Da der Nikolaus ein guter Mann ist, kann Gregor sich jemanden holen, der ihm beim Lösen der Aufgaben hilft. Gregor überlegt lange, wen er fragen soll – und dann fallen wir ihm ein! Wir sollen dem kleinen Engel Gregor helfen, damit er mit dem Nikolaus auf die Erde kann.
Dazu müssen wir die folgenden Rätselaufgaben lösen.

Hinweis:

Ein Spielwürfel mit weihnachtlichen Motiven kann beim Ablauf der folgenden Spiele sehr hilfreich sein, denn dann bestimmt nicht die Erzieherin die Reihenfolge bzw. die Auswahl, sondern das Würfelglück entscheidet, wer von den Kindern an der Reihe ist.

Der Adventswürfel

Material: Pappe, Papier, Buntstifte, Schere, Klebstoff

Anleitung: Malen Sie verschiedene Motive – beispielsweise einen Engel, eine Kerze, ein Plätzchen, einen Tannenbaum, ein Päckchen, einen Stern – auf ein kleines Blatt Papier. Basteln Sie aus Pappe einen Würfel und kleben Sie die Motive auf die sechs Seiten des Würfels. Nun malen Sie jedes Motiv noch ein paar Mal auf ein etwas größeres quadratisches Blatt. Auf die Rückseite des Blattes schreiben Sie nun, den Symbolen entsprechend, die Aufgabenstellung (hinter das Päckchen Rätsel, hinter den Engel Hörspiele, hinter die Kerze Fühlspiele, hinter die Plätzchen Naschspiele, hinter den Tannenbaum Riechspiele und hinter den Stern den Satz „Wünsch dir was“).

Würfelsymbole und ihre Bedeutung
Kerze: Symbol für das Fühlen
Plätzchen: Symbol für das Schmecken
Engel: Symbol für das Hören
Tannenbaum: Symbol für das Riechen
Päckchen: Symbol für das Raten
Stern: Symbol für das Wünschen

Ablauf: Die Rätselblätter liegen mit dem Motiv nach oben auf dem Boden. Die Kinder können nun nacheinander würfeln und entsprechend dem gewürfelten Motiv ein Motiv aus der Kreismitte nehmen. Nun sollte das Kind, das an der Reihe ist, die auf der Rückseite des Rätselblatts gestellte Aufgabe lösen.

Hinweis: Wenn ein Kind den Stern würfelt, dann darf es sich ein Bewegungs-, Kreis- oder Fingerspiel wünschen. Als Rätselspiel beim Päckchensymbol eignet sich der Ratereim auf S. 11 oder andere Rätsel um Sterne und andere Weihnachtssymbole.

Spielvorschläge für das Fühlen:

Das Gleiche suchen

Für dieses Spiel benötigen Sie 6 Beutel (Turnbeutel) und jeweils 2 gleiche Gegenstände, z. B. 2 Tannenzapfen, 2 Autos oder 2 Bleistifte. Diese Gegenstände werden einzeln in die 6 Beutel gelegt. Nun erfühlt das Kind die gleichen Gegenstände, benennt sie und legt die Beutel mit dem gleichen Inhalt nebeneinander. Wenn das Kind die Gegenstände durch den Beutel von außen nicht erfühlen kann, darf es die Hand in den Beutel stecken und den Gegenstand direkt befühlen.

Das Genannte suchen

In einem Beutel befinden sich mehrere verschiedene Gegenstände. Das Kind bekommt einen der Gegenstände genannt und soll seine Hand in den Beutel stecken, den Gegenstand unter den vielen anderen herausfinden und dem Beutel entnehmen.

Das Beschriebene suchen

Zwei Kinder bekommen einen Beutel mit den gleichen Gegenständen. Ein Kind greift in den Beutel, sucht sich einen Gegenstand aus und beschreibt ihn so genau wie möglich, bis das andere Kind diesen Gegenstand in seinem Sack auch findet. Beide Kinder ziehen zur gleichen Zeit ihren Gegenstand aus dem Beutel.

Spielvorschläge für das Schmecken:

Erklären Sie den Kindern vorab, dass bei den Schmeckspielen keine „unangenehmen Überraschungen“ auf sie warten. Es geht lediglich darum, bekannte Düfte und Geschmacksrichtungen zu erkennen.
Wenn Sie Essig oder Zitronensaft benutzen, dann bitte in einer Verdünnung, die den sauren Geschmack abmildert.

Hinweis:

Dem spielenden Kind werden bei allen Spielen die Augen verbunden, bzw. es muss die Augen geschlossen halten.

Etwas Süßes erschmecken

Dem Kind werden drei Lebensmittel zum Schmecken gegeben. Ein Lebensmittel davon ist sehr süß (z. B. Honig). Das Kind soll das süße Lebensmittel erschmecken und den Namen nennen.

Etwas Körniges erschmecken

Auch hier werden dem Kind drei verschiedene Lebensmittel zum Probieren gegeben. Das Kind sollte das Körnige (z. B. ein Stück Brot) erschmecken und den Namen sagen.

Etwas Geschmackloses erschmecken

Wieder werden dem Kind drei verschiedene Lebensmittel zum Probieren gegeben. Es soll nun heraus finden, welches Lebensmittel eigentlich nach gar nichts schmeckt (z. B. Mehl).

Spielvorschläge für das Hören:

Instrumente erkennen

Dem Kind werden nacheinander mehrere Instrumente vorgespielt (z. B. Flöte, Tamburin, Triangel usw.). Diese soll es am Klang erraten und den Namen sagen.

Stimmen zuordnen

Die Erzieherin nennt dem Kind jeweils den Namen eines Kindes aus der Gruppe. Nun rufen drei Kinder nacheinander das Wort „Hallo“. Danach soll das Kind sagen, welche Stimme zu dem genannten Kind gehörte, die erste, zweite oder dritte Stimme.

Geräusche erraten

Die Kinder im Kreis bekommen Dinge, mit denen sie Geräusche machen können, z. B. eine Tasse mit einem Löffel, eine Schere, eine Flasche, in die sie hineinblasen, ein Stück Papier, mit dem sie knistern usw. Das Kind mit den verbundenen Augen hört sich ein Geräusch nach dem anderen an und versucht, die Gegenstände zu erraten, mit denen das Geräusch gemacht wurde.

Spielvorschläge für das Riechen:

Etwas riechen, was Papa im Bastelkeller hat

Dem Kind werden verschiedene Dinge zum Riechen unter die Nase gehalten, z. B. Holzleim, Kaffee, Apfelsinenschalen. Es soll erkennen, welcher Duft am ehesten in den Bastelkeller gehört.

Etwas riechen, was die Mama beim Kochen benutzt

Dem Kind werden verschiedene Dinge zum Riechen unter die Nase gehalten, z. B. Parfüm, geschnittene Zwiebeln, Terpentin. Welcher Duft passt in die Küche?

Etwas riechen, was Kinder nicht trinken dürfen

Dem Kind werden verschiedene Dinge zum Riechen unter die Nase gehalten, z. B. Schnaps, Himbeersaft, Birnen- oder Apfelsaft. Welcher Geruch ist nicht für Kinder bestimmt?

Hinweis:

Stark riechende Flüssigkeiten (Terpentin, Schnaps etc.) sollten Sie dem Kind nicht direkt unter die Nase halten. Wedeln Sie ihm mit der Hand den Duft aus einiger Entfernung zu und kommen Sie langsam etwas näher, bis es etwas riechen kann.

Abschlussgeschichte:

Dank eurer Hilfe hat der kleine Engel Gregor alle Aufgaben gelöst und darf noch an diesem Abend den Nikolaus zur Erde begleiten. Der kleine Gregor ist sehr aufgeregt und er will in dieser Nacht durch viele Fenster schauen und die Kinder beim Schlafen beobachten. Vielleicht kommt er ja heute Nacht auch zu dir und schaut durch dein Fenster.
Lass dich einfach mal überraschen.

Klang-
geschichte

Auf der Suche nach dem Weihnachtsglöckchen

Material: Eine Auswahl an Orff- Instrumenten

Ablauf: Beim Erzählen der Geschichte werden das Weihnachtsglöckchen, Engel, Sterne, Mond, Wind, klirrende Kälte und Schneeflocken mit verschiedenen Instrumenten klanglich begleitet.

Seit genau drei Tagen herrscht bei den Engeln große Unruhe. Das Weihnachtsglöckchen, das immer in dem großen Weihnachtszimmer lag, ist verschwunden. Von morgens bis abends suchen die Engel den Himmel ab. Aufgeregt laufen sie hin und her, schauen hinter jede Wolke, doch nirgends ist das Glöckchen zu finden. Die Engel sind sehr nervös, denn wenn das Glöckchen bis zum Heiligen Abend nicht gefunden wird, dann kann es für die Menschen auf der Erde nicht das Fest einläuten. O je, was sollen sie bloß machen? Ratlos sitzen die Engel auf einer dicken Wolke und niemand weiß eine Lösung. Mit einem Mal hören sie in der Ferne schwere Schritte. Die Engel kennen diese Schritte genau. Das muss der Mond sein. Er kommt wie jeden Abend, um nachzufragen, ob alles in Ordnung ist. Als er hört, dass das Weihnachtsglöckchen verschwunden ist, wird er böse und stampft mit polterndem Schritt fort. Die Engel werden von Minute zu Minute trauriger. Noch einmal suchen sie den ganzen Himmel ab. Sie laufen hin und her. Irgendwo muss das Glöckchen doch sein! Doch ihre Suche bleibt erfolglos. Nun kann ihnen nur noch der Wind helfen. Sie rufen ihn und wie ein Blitz kommt er herbei. Ein heftiges Sausen und Brausen ist am Himmel zu hören, die Wolke, auf der die Engel sitzen, wird heftig hin und her geschüttelt, und schon ist er da. Er bringt klirrende Kälte mit und verstreut unzählige kleine Schneeflocken. Sie tanzen und wirbeln zwischen den Wolken herum. Die kleinen Engel fragen den Wind, ob er auf seiner weiten Reise das Glöckchen gesehen habe. Doch er pustet den Engeln eisige Kälte ins Gesicht und antwortet mit brummiger Stimme, dass er das Glöckchen auch nicht gesehen habe. So schnell, wie er gekommen ist, braust er auch wieder mit lautem Klirren und Knacken davon. Mit ihm verschwinden auch die unzähligen kleinen Schneeflocken. Die Engel sind verzweifelt. Wen sollen sie jetzt noch fragen? Mit einem

Mal sagt der kleinste Engel: „Wir fragen die Sterne. Die sind so hell, vielleicht haben sie das Glöckchen gesehen." Gesagt, getan. Je näher sie den Sternen kommen, umso heller wird es um sie herum. Aufgeregt fragt der kleine Engel: „Habt ihr vielleicht das Weihnachtsglöckchen gesehen? Wir haben es verloren und müssen es unbedingt wiederfinden. Wenn wir es nicht finden, kann für die Menschenkinder das Weihnachtsfest nicht eingeläutet werden und darüber wären sie dann bestimmt sehr traurig." Die Sterne verstehen den Kummer der Engel sehr gut und wollen helfen. Gemeinsam machen sie sich noch in der Nacht auf den Weg. Sie ziehen hin und her und schauen in alle Ecken. Auf einmal hört ein Stern ein leises Bimmeln. Langsam zieht der Stern dem Bimmeln entgegen und es wird immer lauter. Tatsächlich findet der Stern das gesuchte Glöckchen! Es hat sich in einer dicken, watteweichen Wolke verfangen und kann allein dort nicht mehr heraus. Die Wolke schaukelt das Glöckchen hin und her. Mit viel Rucken und Schütteln gelingt es dem Stern, das Glöckchen zu befreien. Dann zieht der Stern eilig damit zu den anderen Sternen. Alle sind sehr froh. Endlich ist das Weihnachtsglöckchen wieder da. Gemeinsam eilen die Sterne zu den Engeln. Von weitem hören sie das Weihnachtsglöckchen bimmeln. Voller Freude laufen sie den Sternen entgegen und nehmen ihr verloren gegangenes Glöckchen in Empfang. Vor Freude machen nun die Sterne gemeinsam mit den Engeln und dem Glöckchen einen Tanz. Dann fliegen sie zum Mond. Von weitem hört er sie schon kommen. Als er die Sterne, die Engel und auch das Glöckchen sieht, sagt er: „Endlich, es wird auch Zeit, denn genau in einer Stunde ist auf der Erde Weihnachten." Das Glöckchen macht sich bereit und saust mit dem Wind hinunter zur Erde. Gespannt stehen die Sterne und der Mond am Himmel und die Engel sitzen auf einer dicken Wolke. Sie warten auf das Bimmeln des Glöckchens. Jetzt hören sie es. Laut und wunderschön läutet das Weihnachtsglöckchen das Fest ein. „Nun ist alles wieder gut", sagt der kleinste Engel und lässt sich gemeinsam mit den anderen Engeln in eine watteweiche Wolke plumpsen und schläft ein. Am Himmel ist es mucksmäuschenstill, nur das Läuten des Glöckchens ist klar und deutlich zu hören.

Drei Könige auf dem Weg nach Bethlehem

Ein kleines Darstellungsspiel zu Weihnachten ist für viele Kinder der Höhepunkt vor dem Fest. Gemeinsam werden die Requisiten gebastelt, die Rollen verteilt und eingeübt. Da Sie als Erzählerin Handlung und vielleicht auch mal den einen oder anderen Sprechtext vorlesen, muss das Stück nicht lange eingeübt werden und die Rollen können in ständigem Wechsel besetzt werden. So dürfen im Verlauf von mehreren Aufführungen alle Kinder einmal auftreten.

Requisiten:

drei Kamele aus Pappe, mehrere Tannen aus Pappe, ein großer Stern aus Goldpapier, drei Schafe aus Pappe, ein Bündel dünnes Astholz, ein Stall aus Pappe, eine Ziege aus Pappe, ein Stall aus Pappe, eine Futterkrippe, eine Puppe, etwas Stroh, eine Wolldecke, ein goldenes Kästchen, zwei Flaschen für Weihrauch und Myrrhe, eine Stalllampe, Verkleidungen für die Könige, den Hirten, den alten Mann, die alte Frau, Maria und Josef

Ablauf:

Die Kinder spielen ihre Rollen entsprechend dem Text und sprechen die Teile, die für ihre Rolle bestimmt sind. Durch das Stück führt der Erzähler.

Erzähler:

Vor langer Zeit, als in einem Stall Jesus geboren wurde, entdeckten nicht nur Hirten den besonderen Stern, sondern auch drei Könige, die weit weg von Bethlehem in einem fremden Land lebten. Es waren die Könige Kaspar, Melchior und Balthasar. Da die drei wissen wollten, was es mit diesem Stern auf sich hatte, schickte jeder von ihnen einen Boten aus. Diese sollten das Geheimnis des fremden Sterns lösen. Nach vielen Tagen kehrten die Boten zurück und berichteten von einem neugeborenen König, dem Retter der Welt, auf den die Menschheit schon lange gewartet hätte. Diese Nachricht machte die drei Könige so neugierig, dass sie sich sofort aufmachten, um den neuen König zu begrüßen. Jeder von ihnen nahm ein Geschenk für diesen neugeborenen König mit.

So begann für sie in einer sternenklaren Nacht eine weite Reise. Auf ihren Kamelen folgten sie dem großen Stern. Er sollte sie zu dem neuen König bringen.

Drei Kinder, als Könige verkleidet, mit je einem Kamel aus Pappe betreten die Bühne. Der große Stern aus Goldpapier, der an einem langen Stab befestigt ist, erscheint und zeigt den Königen den Weg.

Erzähler:

Der Weg der drei Könige war sehr beschwerlich. Es führte über steinige Wege, durch trockene und staubige Wüsten, durch dichte Wälder und unbekannte Gegenden.

Während die drei Könige auf der Bühne hin und her gehen, stellen sich andere Kinder, die Tannen aus Pappe halten, als Wald auf die Bühne.

Erzähler:

Es vergingen viele Tage und Nächte und erschöpft kamen die Könige zu einer Weide, auf der ein Hirte seine Schafe hütete.

Ein Kind kommt als Hirte verkleidet auf die Bühne. Drei Schafe aus Pappe werden auf die Bühne gestellt.

Erzähler/Kinder:

Als der Hirte die Fremden auf ihren Kamelen sah, fragte er: „Wohin wollt ihr mitten in der Nacht?"
„Wir wollen zum König, der heute Nacht geboren wurde. Willst du mit?", fragte Kaspar.
Der Hirte antwortete: „Gern gehe ich mit."
Schnell ging er zu seinen Schafen, nahm das wolligste Schaf und sagte: „Ich schenke ihm dieses Schaf."

Erzähler:

Nun folgten die drei Könige und der Hirte dem großen Stern. Da die drei Könige schon einen weiten Weg hinter sich hatten und sehr müde waren, sangen sie ein Lied, um sich wach zu halten.

Alle Kinder singen.

(Melodie: Ein Männlein steht im Walde)
Ein Stern, der steht am Himmel, ganz hell und weit,
er will mir leise sagen, mach dich bereit.
Gemeinsam wollen wir nun gehn,
um uns den König anzusehn,
der heute Nacht geboren, wie ist das schön.

Erzähler:

Schon nach kurzer Zeit begegneten sie einem alten Mann. Er sammelte Holz für sein Nachtfeuer.

Ein Kind, verkleidet als alter Mann, kommt auf die Bühne mit einem Bündel Holz.

Erzähler/Kinder:

Als er die Fremden auf den Kamelen sah, fragte er: „Wohin wollt ihr mitten in der Nacht?“
„Wir wollen zum König, der heute Nacht geboren wurde. Willst du mit?“, fragte Melchior.
Der alte Mann antwortete: „Gern gehe ich mit. Ich schenke ihm dieses Bündel Holz.“

Nun folgten die drei Könige, der Hirte und der alte Mann dem Stern. Da die Könige und der Hirte schon einen weiten Weg hinter sich hatten und sehr müde waren, sangen sie wieder ein Lied.

Alle Kinder singen.

(Melodie: Ein Männlein steht im Walde)
Der kleine neue König bringt uns das Glück,
er bringt uns Menschenkindern das Licht zurück.
Gemeinsam wollen wir nun gehn,
um uns den König anzusehn,
der heute Nacht geboren, wie ist das schön.

Erzähler:

Immer wieder schauten sie zum Himmel und der große Stern ging ihnen voraus. Der Weg schien kein Ende zu nehmen. Die Dunkelheit und die Kälte machten die Reise für alle sehr beschwerlich. Irgendwann kamen sie zu einem Haus, aus dem eine alte Frau kam.

Ein Kind, verkleidet als alte Frau, kommt auf die Bühne.

Erzähler/Kinder:

Als sie die Fremden sah, fragte sie: „Wohin wollt ihr mitten in der Nacht?"
„Wir wollen zum König, der heute Nacht geboren wurde. Willst du mit?", fragte Balthasar.
Die alte Frau lächelte und sagte: „Gern gehe ich mit."
Schnell lief sie in den Stall und kam mit einer Ziege zurück.
„Ich schenke ihm meine einzige Ziege", sagte sie und ging mit.

Nun folgten die drei Könige, der Hirte, der alte Mann und die alte Frau dem Stern. Da die Könige, der Hirte und der alte Mann schon einen weiten Weg hinter sich hatten und sehr müde waren, sangen sie ein Lied.

Alle Kinder singen.

(Melodie: Ein Männlein steht im Walde)
Der Weg zum neuen König ist weit und kalt,
er führt uns durch die Wüste und durch den Wald.
Gemeinsam wollen wir nun gehn,
um uns den König anzusehn,
der heute Nacht geboren, wie ist das schön.

Ein Stall aus Pappe wird auf die Bühne gestellt.

Erzähler/Kinder:

Plötzlich wurden ihre müden Augen von einem hellen Licht geblendet. Sie sahen den Stern ganz nah. Er stand über einem alten Stall.

Wie aus einem Mund riefen Kasper, Melchior und Balthasar: „Wir sind am Ziel. Hier im Stall ist der neue König geboren.“

Gespannt und voller Freude trugen die müden Füße sie alle zum Stall. Dort sahen sie eine Frau und einen Mann. Es waren Maria und Josef. Sie saßen an einer Futterkrippe. In ihr lag ein kleines Kind. Es war mit Stroh zugedeckt.

Ein Kind als Josef verkleidet, ein Kind als Maria verkleidet und eine Futterkrippe, in der eine Puppe liegt, kommen auf die Bühne.

Erzähler:

Voller Freude knieten die drei Könige, der Hirte, der alte Mann und die alte Frau vor dem neugeborenen Kind nieder und sangen ein Lied:

Alle Kinder singen.	(Melodie: Ein Männlein steht im Walde) Wir grüßen dich und freu'n uns bei dir zu sein, du liegst in dieser Krippe und bist noch klein. Gemeinsam rufen wir dir zu: Du bringst unsrer Erde Ruh, du sollst der neue König für alle sein.
Erzähler:	Nachdem sie dem neuen König ihr Loblied gesungen hatten, überreichte jeder ihm sein Geschenk.
Kaspar:	„Ich schenke dir Gold, damit es dir immer gut geht."
Melchior:	„Ich schenke dir Weihrauch, damit es dir immer gut geht."
Balthasar:	„ Ich schenke dir Myrrhe, damit es dir immer gut geht."
Hirte:	„Ich schenke dir mein liebstes Schaf, damit es dir immer gut geht."
Mann:	„Ich schenke dir Holz, damit es dir immer gut geht."
Frau:	„Ich schenke dir meine einzige Ziege, damit es dir immer gut geht."
Maria und Josef:	Maria und Josef bedanken sich und sagen freundlich: „Der König schenkt euch seine ewige Freundschaft, damit es euch immer gut geht."
Erzähler:	Die Könige, der Hirte, der Mann und die Frau sind müde und erschöpft. Maria holt eine Decke auf der sich die Fremden zum Schlafen nieder legen. Dann macht sie die Lampe aus und nun ist es in dem Stall dunkel und ganz still.
	Das Raumlicht wird ausgeschaltet. Die drei Könige, der Hirte, der Mann und die Frau verlassen die Bühne.
Erzähler:	Als es am nächsten Morgen hell ist, sind die Fremden schon wieder fort und Maria und Josef hören aus der Ferne Stimmen.
	Hinter der Bühne murmeln einige Kinder.
Erzähler:	Es sind waren andere Menschen, die von weit her kamen, um den neuen König zu begrüßen.
	Alle Kinder kommen heran und stellen sich um Maria, Josef und die Krippe.

Im Sternenland

Material:

eine Lampe, ein Tuch, eine Kerze, viele unterschiedlich große Dekorationssterne oder Sterne aus Goldpapier, ein Kassettenrekorder mit ruhiger Musik, für jedes Kind eine Decke und ein Kissen

Raumvorbereitung:

Die Decken werden kreisförmig angeordnet, mit dem Tuch und den Dekorationssternen wird ein meditatives Zentrum gestaltet. Die Kerze wird in die Mitte gestellt. Der Kassettenrekorder steht griffbereit.

Ablauf:

Die Kinder gehen zu ruhiger Musik durch den Raum und begrüßen sich. Danach setzen sie sich auf die Decke und betrachten die gestaltete Mitte. Die Gedanken, die ihnen dabei kommen, können sie anschließend den anderen Kindern mitteilen. Als Gesprächsmedium wird ein Stern aus der Mitte genommen und herumgereicht.
Anschließend werden die Kinder zu der folgenden Fantasiereise eingeladen.

Erzieherin:

Mach es dir bequem.
Leg dich entspannt und locker auf deine Decke.
Spüre einmal, liegst du auch wirklich bequem?
Nichts darf dir weh tun, du musst bequem liegen.
Nun lausche in den Raum hinein.
Was hörst du?
Schicke alle störenden Geräusche fort.
Lass nur die Stille zu.
Hörst du die Stille?
Spürst du die Stille?

Meditative Musik.

Nun liegst du bequem und bist zugedeckt mit Stille.
Schließe deine Augen.
Was siehst du?
Ist es vor deinen Augen dunkel?
Schau einmal, siehst du in der Dunkelheit auch ein kleines Licht?
Schau es dir gut an.
Es wird immer größer und heller.
Kannst du erkennen, was es ist?
Es ist ein Stern.

Nimm meine Hand, wir folgen dem Stern gemeinsam.
Der Stern führt uns durch einen Wald.
Hier ist es still.
Wir folgen noch immer dem Stern.
Es wird immer heller um uns herum.
Schau, von allen Seiten kommen Sterne auf uns zu.
Sie zeigen uns den Weg.
Wohin führen sie uns?
Eine leise Musik ist zu hören.
Schau dich um, alles glänzt, und in diesem Glanz tanzen kleine Sternenkinder.
Sie lächeln, fassen uns an und tanzen mit uns.
Leicht und beschwingt drehen wir uns zu der schönen Musik.

Pause mit etwas lauterer Musik.

Fühlst du dich auch so wohl wie ich?
Lange tanzen wir,

Pause mit Musik.
Musik ausschalten.

doch dann ist der Tanz zu Ende.
Die Sterne verabschieden sich und sind mit einem Mal verschwunden.
Nur der Stern, der uns beide hierher gebracht hat, ist noch da.
Er bringt uns nach Hause zurück.
Gemeinsam gehen wir wieder durch den Wald.
Nun verabschiedet sich auch der Stern, denn wir sind wieder zu Hause.
Schau, der Stern wird immer kleiner und kleiner.
Jetzt ist er nicht mehr zu sehen.
Vor deinen Augen ist es wieder dunkel.
Spürst du nun wieder deinen Körper?
Weck ihn ganz sanft auf. Bewege erst die Finger, dann die Arme, die Zehen, die Füße, die Beine. Beweg deinen Körper, recke und strecke dich, gähne und öffne die Augen.
Du bist wieder hier im Raum.

Abschluss: Die Kinder können ihre Erlebnisse während der Reise mitteilen. Zum Schluss kann sich jedes Kind aus der Mitte einen Stern zur Erinnerung mitnehmen.

Adventsschmuck

Gipsschmuck

Material:
Gips, verschiedene Plätzchenbackformen (Engel, Tannenbäume, Sterne usw.), Nägel, Plaka- oder Abtönfarbe, Bildaufhänger zum Ankleben

Anleitung:
Der Gips wird nach Gebrauchsanweisung dickflüssig angerührt und in die Form gegossen. Mit einem Nagel wird nach dem Trocknen ein Muster in den Gips geritzt, danach können die Abgüsse noch mit Plaka- oder Abtönfarbe angemalt werden. Nun werden die Bildaufhänger auf die Rückseite geklebt und der Schmuck kann an Zweige, vor die Fenster, unter die Decke oder an den Weihnachtsbaum gehängt werden.

Strohsterne

Material:
feste Pappe, Stroh, Futtermais/Futtererbsen, Vogelbeeren, Klebstoff, Schere, Bleistift

Anleitung:
Auf die feste Pappe wird ein Stern gemalt und ausgeschnitten. Das Stroh wird klein geschnitten. Der Pappstern wird mit Klebstoff bestrichen und die Naturmaterialien werden nun frei nach Fantasie auf den Stern geklebt.

Variation:
Statt Stroh kann Heu oder auch Moos genommen werden. Außerdem kann dünner Basteldraht aus Gold oder Silber um den Stern gewickelt werden.

Aststerne

Material:
pro Stern 6, etwa gleich lange, dünne Hölzer (Aststücke), Bast in beliebigen Farben

Anleitung:
Jeweils 3 Hölzer werden mit dem Bast zu einem Dreieck zusammengebunden. Diese beiden Dreiecke werden zu einem Stern übereinander gelegt und wiederum mit Bast zusammengebunden. An einem Aufhänger aus Bast lassen sich die Aststerne überall aufhängen.

Steckschmuck für die Fensterbank

Material: Flaschenkorken, Tonpappe in verschiedenen Farben, Schere, Klebstoff, Messer, Holzbrettchen, lange Holzspieße

Anleitung: Die Erzieherin schneidet die Korken auf einem Holzbrettchen in Scheiben. Die Kinder malen auf die Pappe unterschiedliche Motive wie Tannenbäume, Kerzen, Engel, Sterne und schneiden sie aus. Zwei Korkenscheiben werden vorne und hinten an die Motive geklebt. Ein langer Holzspieß wird als Steckspieß in eine Korkenscheibe gesteckt. Die Motive können nun in einen Blumentopf gesteckt werden und mit Kerzen die Fensterbank adventlich verzaubern.

Variation: Der Korken kann auch nur als Stehhilfe dienen, dann wird der Holzspieß direkt auf das Papiermotiv geklebt.

Adventslichter

Material: glatte, kleine Marmeladengläser, buntes Transparentpapier, Kleister, Schere

Anleitung: Der Kleister wird nach Gebrauchsanweisung angerührt. Die Kinder können mit der Hand das Transparentpapier in kleine Stücke reißen oder mit der Schere klein schneiden. Das Glas wird mit Kleister bestrichen und mit den bunten Transparentpapierschnipseln beklebt.
Nach dem Trocknen kann ein Teelicht in das Glas gestellt werden. Das bunte Licht verzaubert jede Fensterbank, jeden Tisch und jeden Raum.

Foliensterne

Material: stabile Goldfolie (dünnes Metall), Nägel, Folienschere, Hammer, feste Holzunterlage

Anleitung: Aus dem Metall werden mit einer Folienschere Sterne geschnitten. Mit Hilfe von Hammer, Nägeln und einer Holzunterlage können die Sterne mit einem Löchermuster versehen werden. Aus Folie wird ein schmaler Streifen geschnitten und an den Stern geklebt. Der Streifen wird so gebogen, dass der Stern stehen kann. Stellt man hinter diesen Stern ein Teelicht, so wirft er ein sehr schönes Lichtmuster in den Raum.

Hinweis: Diese schönen Dinge können auch als Geschenke dienen.

Süße Sachen, die viel Freude machen

Würziger Adventskuchen

Zutaten:
120 g Butter, 250 g Mehl, 4 Eier, 300 g Puderzucker, 1/2 Päckchen Backpulver, ¼ l Buttermilch, 2 EL geriebene Zitronenschale, 1 EL Lebkuchengewürz, 1 EL Zimt, 100 g gehackte Mandeln, 1 Prise Salz, 1 EL Vanillezucker, Puderzuckerglasur, bunte Schokoladenbonbons oder Streusel

Zubereitung:
Puderzucker, Zucker und Butter schaumig rühren, Eier einzeln unterschlagen. Buttermilch, Zitronenschale, Lebkuchengewürz, Zimt, gehackte Mandeln, Salz und Vanillezucker unter die Creme rühren. Mehl und Backpulver dazu sieben. Zwei verschieden große, runde Backformen einfetten, den Teig einfüllen und bei ca. 180 Grad 30 bis 45 Minuten backen. Den Kuchen aus der Form nehmen und erkalten lassen. Nun den großen, runden Kuchen mit Puderzuckerglasur überziehen, den kleinen Kuchen auf den großen setzen und auch mit Glasur überziehen. Mit bunten Schokobonbons oder Streuseln verzieren. Die Glasur gut trocknen lassen.

Zimtsterne

Zutaten:
250 g Puderzucker, 250 g gemahlene Mandeln, 3 Eiweiß, ½ TL Zimt, Zucker

Zubereitung:
Eiweiß steif schlagen, dabei den gesiebten Puderzucker einrieseln lassen. Diese Masse teilen. In eine Hälfte Mandeln und Zimt mischen. Diese Masse gut durchkneten und auf einer mit Zucker bestreuten Arbeitsfläche dick ausrollen. Daraus Sterne stechen und auf ein mit Backpapier belegtes Backblech legen. Bei 160 Grad ca. 20 Minuten backen. Die Plätzchen herausnehmen, mit der restlichen Eiweißmasse bestreichen und erneut überbacken. Danach die Zimtsterne herausnehmen und erkalten lassen.

Marmeladentaler

Zutaten:

250 g Butter, 250 g Zucker, eine Prise Salz, 1 Päckchen Vanillezucker, 3 Eier, 500 g Weizenmehl, 1 Glas Johannisbeergelee, Puderzucker zum Bestäuben

Zubereitung:

Butter, Zucker und Salz schaumig rühren, Vanillezucker und Eier nach und nach darunter schlagen. Das gesiebte Mehl dazugeben und das Ganze verkneten. Den Teig auf einer bemehlten Arbeitsfläche ausrollen und mit einer runden Form Plätzchen ausstechen. Diese auf ein mit Backpapier ausgelegtes Backblech legen und bei maximal 180 Grad 10 bis 15 Minuten backen. Die Plätzchen erkalten lassen. Danach immer ein Plätzchen mit Gelee bestreichen und ein anderes darauf legen. Zum Schluss werden die Marmeladentaler mit Puderzucker bestäubt.

Himmelskuchen

Zutaten:

500 g Butter, 500 g Zucker, 500g Mehl, 10 Eier,
1 Päckchen Backpulver, Zitronenaroma, Schokoladenglasur, Zuckerschrift

Zubereitung:

Alle Zutaten werden zu einem Rührteig verarbeitet und eine Stunde bei 200 Grad gebacken. Nach dem Erkalten wird der Kuchen mit Schokoladenglasur überzogen. Wenn die Glasur hart ist, können mit Zuckerschrift bunte Kugeln, Engel, Tannenbäume usw. darauf gemalt werden.

Literatur

Bilder- und Geschichtenbücher

Stephan Gammell
Ein Bär feiert Weihnachten
Annette Betz Verlag, Wien 1983

Hilde Heyduck-Huth, Regine Schindler
Hanna an der Krippe
Otto Maier Verlag, Ravensburg 1981

Ursel Scheffler, Barbara Moßmann
Adventskalendergeschichten
Herder Verlag, Freiburg 1991

Sachbücher

Detlef Jöcker
Hört ihr alle Glocken läuten
Menschenkinder Verlag, Münster 1993

Rolf Krenzer, Ludger Edelkötter
Kinderlieder – Krippenspiele
Impulse Verlag, Drensteinfurt 1985

Rolf Krenzer, Siegfried Fietz
Leuchte, Stern von Bethlehem
Patmos Verlag, Düsseldorf 1989

Hörbücher/CDs

Ingrid Biermann, Jörg Schnieder, Manfred Schnitzmeyer
Kläppchen öffnen
Kinderland Verlag, Rüthen 1999

Detlef Jöcker
Kleine Kerze leuchte
Menschenkinder Verlag, Münster 1996

Alle Rechte vorbehalten – Printed in Germany
© Verlag Herder, Freiburg im Breisgau 2000
Illustrationen: Unen Enkh, Denzlingen
Layout: Zumstein Grafik-Design, Merzhausen
Redaktion: Martin Stiefenhofer
Herstellung: J. P. Himmer, Augsburg
ISBN 3-451-27109-5